LOS DINOSAURIOS MÁS PEQUEÑOS

POR **"DINO"** DON LESSEM

ILUSTRACIONES POR **JOHN BINDON**

EDICIONES LERNER / MINNEAPOLIS

Dedicado a Guan Jian, amigo de los dinosaurios grandes y pequeños

Traducción al español: copyright © 2006 por ediciones Lerner
Título original: *The Smallest Dinosaurs*
Texto: copyright © 2005 por Dino Don, Inc.
Ilustraciones: copyright © 2005 por John Bindon

Fotografías cortesía de Don Lessem, Dino Don, Inc., pág. 12 (recuadro); Elaine Kennedy, págs. 12–13.

La edición en español fue realizada por un equipo de traductores nativos de español de translations.com, empresa mundial dedicada a la traducción.

ediciones Lerner
Una división de Lerner Publishing Group
241 First Avenue North
Minneapolis, MN 55401 EUA

Dirección de Internet: www.lernerbooks.com

Library of Congress Cataloging-in-Publication Data

Lessem, Don.
    (Smallest dinosaurs. Spanish)
    Los dinosaurios más pequeños / por "Dino" Don Lessem ; ilustraciones por John Bindon.
        p.   cm. — (Conoce a los dinosaurios)
    Includes index.
    ISBN-13: 978-0-8225-2968-2 (lib. bdg. : alk. paper)
    ISBN-10: 0-8225-2968-8 (lib. bdg. : alk. paper)
    Dinosaurs—Juvenile literature. I. Bindon, John, ill. II. Title.
QE861.5.L4818 2006
567.9—dc22   2005008971

Fabricado en los Estados Unidos de América
1 2 3 4 5 6 – DP – 11 10 09 08 07 06

CONTENIDO

CONOCE A LOS DINOSAURIOS MÁS PEQUEÑOS

¡BIENVENIDOS, FANÁTICOS DE LOS DINOSAURIOS!

Soy "Dino" Don. Me encantan los dinosaurios. Cuando pensamos en los dinosaurios, no los imaginamos pequeños. Sin embargo, la mayoría de los dinosaurios eran más pequeños que un automóvil. De hecho, ¡los más pequeños eran del tamaño de un cuervo! ¿Quieres conocer algunos de los dinosaurios pequeños? Éstos son algunos datos sobre ellos.

COMPSOGNATHUS
Longitud: 4.5 pies (1.4 metros)
Hogar: oeste de Europa
Época: hace 151 millones de años

EPIDENDROSAURUS
Longitud: 2.8 pies (.85 metros)
Hogar: Asia
Época: hace 124 millones de años

LESOTHOSAURUS
Longitud: 3 pies (.9 metros)
Hogar: sur de África
Época: hace 200 millones de años

LIAOCERATOPS
Longitud: 3 pies (.9 metros)
Hogar: Asia
Época: hace 76 a 72 millones de años

LIGABUEINO
Longitud: 2.5 pies (.8 metros)
Hogar: sureste de Sudamérica
Época: hace 127 millones de años

MICRORAPTOR
Longitud: 1.8 pies (.5 metros)
Hogar: Asia
Época: hace 124 millones de años

PARVICURSOR
Longitud: 3.3 pies (1 metro)
Hogar: norte de Asia
Época: hace 84 millones de años

SHUVUUIA
Longitud: 3.3 pies (1 metro)
Hogar: norte de Asia
Época: hace 83.5 millones de años

MÁS PEQUEÑOS DE LO QUE TE IMAGINAS

Un animal parecido a un ratón huye.
Intenta escapar de un pequeño cazador
del tamaño de una gallina. El dinosaurio
asesino es un *Parvicursor*. Corre rápido,
pero no lo suficiente para atrapar al
animal ratonil.

El *Parvicursor* se vuelve y ve una pequeña
lagartija. La atrapa entre sus mandíbulas.
Con sus dientes filosos, el dinosaurio
aplasta a la lagartija y la traga entera.

LA ÉPOCA DE LOS DINOSAURIOS MÁS PEQUEÑOS

Lesothosaurus

Compsognathus

Hace 200 millones
de años

Hace 151 millones
de años

Muchos dinosaurios eran enormes, pero no
todos eran grandes. Como todos los
dinosaurios, los más pequeños tenían
esqueletos especiales. El cuello se curvaba
como la letra *S*. Además, los esqueletos les
permitían erguirse.

Microraptor

Parvicursor

Liaoceratops

Hace 124 millones
de años

Hace 84 millones
de años

Hace 76 millones
de años

Entonces, ¿por qué algunos dinosaurios
crecían mucho y otros no? No lo sabemos.
Unos eran gigantes y comían plantas altas.
Otros roían arbustos bajos. Algunos
carnívoros eran enormes. Otros eran
pequeños y cazaban insectos y animales
aun más pequeños.

9

HALLAZGOS DE FÓSILES DE DINOSAURIOS

Los números en el mapa de la página 11 indican algunos de los lugares donde se han encontrado fósiles de los dinosaurios que aparecen en este libro. En esta página puedes ver los nombres y las siluetas de los dinosaurios que corresponden a los números en el mapa.

1. Compsognathus

2. Epidendrosaurus

3. Lesothosaurus

4. Liaoceratops

5. Ligabueino

6. Microraptor

7. Parvicursor

8. Shuvuuia

Conocemos a los dinosaurios pequeños a través de los **fósiles,** es decir, los rastros que dejaron. Los huesos, las huellas y las marcas de plantas que quedaron en las rocas desde hace mucho tiempo son algunos ejemplos de fósiles.

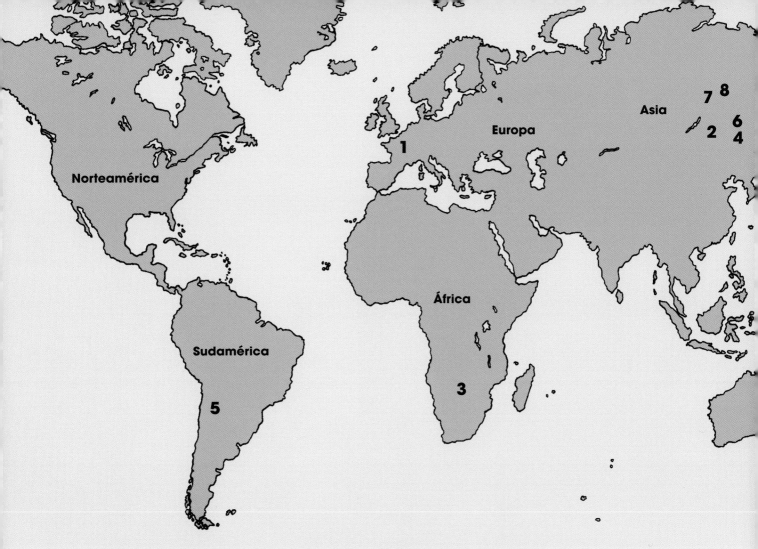

Algunos de los primeros fósiles de dinosaurios pequeños fueron encontrados en Alemania, en la cantera de Eichstatt. De esta cantera se extraía piedra para construir edificios. La **caliza** de ese lugar tiene más de 145 millones de años de edad. Es muy lisa y mantiene los pequeños esqueletos en perfecto estado.

Hace más de 100 años, los obreros de la cantera de Eichstatt rompieron una piedra. Adentro se encontraba el esqueleto completo de un diminuto dinosaurio. ¡Medía sólo 3 pies (.9 metros) de largo!

Los científicos lo llamaron *Compsognathus*. Es uno de los dinosaurios más pequeños que se conocen.

LA VIDA EN PEQUEÑO

Muchos dinosaurios pequeños eran carnívoros, es decir, comían carne. Sin embargo, no podían pelear con los dinosaurios grandes por el alimento. Tenían que buscar comida donde los grandes no podían llegar.

El *Epidendrosaurus* es uno de los dinosaurios más extraños. Es posible que los larguísimos dedos de las patas lo ayudaran a trepar los árboles para cazar.

Al igual que algunos carnívoros pequeños,
el *Shuvuuia* tenía ojos enormes, cerebro
grande, dedos fuertes y patas rápidas. Es
posible que también tuviera plumas. Las
plumas no le servían para volar, pero tal
vez mantenían caliente al *Shuvuuia* en las
frías noches del desierto.

El *Shuvuuia* también tenía un pico agudo
que se podía doblar. No sabemos bien
cómo usaba este pico, pero quizá le
ayudaba a sobrevivir en un mundo de
gigantes. Por ejemplo, el pico le servía
para sacar insectos o lagartijas de los
agujeros.

El *Lesothosaurus* tenía cola larga, pero su cuerpo apenas tenía el tamaño de un gato. Vivía entre dinosaurios grandes y plantas duras que no tenían frutos, flores ni otro tipo de alimento. ¿Qué hacía el *Lesothosaurus* para protegerse y encontrar comida suficiente?

El *Lesothosaurus* era veloz y tenía buena vista.
Podía ver a los cazadores y escaparse de
ellos. Es posible que el hocico largo con un
pico filoso le sirviera para mordisquear plantas
o tal vez para comer insectos y lagartijas. El
pulgar de este pequeño dinosaurio quizá le
ayudaba a sujetar el alimento.

El pequeño *Ligabueino* busca animales más pequeños para comer. De repente, un enorme *Abelisaurus* ve al *Ligabueino* y se lanza contra él. Pero el pequeño carnívoro no es sorprendido.

El *Ligabueino* ve que el cazador se acerca.
Oye sus gruñidos y pasos fuertes. Huele el
aliento apestoso del cazador. Bastan unos
pocos pasos para que el *Ligabueino* huya.
Su velocidad y agudos sentidos lo han
salvado.

PEQUEÑO, MÁS PEQUEÑO, DIMINUTO

Un *Compsognathus* caza a la orilla de un lago. Este dinosaurio parece más grande que otros dinosaurios pequeños. No obstante, este carnívoro apenas tiene el tamaño de un pavo.

El *Compsognathus* que se encontró en la cantera de Eichstatt era muy pequeño. Tal vez era una cría. Nuevos hallazgos han mostrado que había dinosaurios aun más pequeños que el *Compsognathus*.

En el oeste de Norteamérica, los dinosaurios
cornudos alcanzaban tamaños nunca antes
vistos. Gigantes como el *Triceratops* medían
lo mismo que un camión de basura. Muchos
años antes, en Asia, habían vivido dinosaurios
cornudos pequeños.

El dinosaurio cornudo *Liaoceratops* sólo medía
3 pies (.9 metros) de altura. No era más grande
que un perro pastor escocés. Incluso los
cuernos eran pequeños. No tenía cuerno en la
nariz, sólo pequeños cuernos bajo los ojos.

Entonces, ¿cuál es el dinosaurio más diminuto de todos? El más pequeño que hemos encontrado es el *Microraptor*. Su nombre significa "pequeño ladrón". Medía sólo 15 pulgadas (39 centímetros) desde la cabeza hasta la cola. Con ese tamaño, sólo pudo haberse alimentado de animales e insectos diminutos.

El *Microraptor* tenía plumas como las aves.
¿Es posible que el *Microraptor* volara?
Quizá no tan bien como un ave, pero
podía mover las patas delanteras como
alas. Tal vez podía saltar al aire y planear.

¿DÓNDE ESTÁN?

Los dinosaurios desaparecieron hace 65 millones de años. Otros animales grandes también se **extinguieron** en esa época. Muchos piensan que un **asteroide** se estrelló contra la Tierra. El polvo y humo del choque habrían bloqueado la luz del sol. Estos cambios pudieron matar a los dinosaurios.

Los animales de sangre caliente, llamados mamíferos, las aves y muchas criaturas pequeñas sobrevivieron. Tal vez los animales pequeños lograron protegerse o tenían lugares donde esconderse. Entonces, ¿por qué los dinosaurios pequeños no sobrevivieron? Nadie lo sabe.

Sin embargo, podría decirse que los
dinosaurios pequeños aún viven. Muchos
científicos así lo creen. Dicen que las aves son
los parientes más cercanos de los dinosaurios
pequeños. Los esqueletos de las aves y de
estos dinosaurios se parecen mucho.

Las aves y los dinosaurios carnívoros
pequeños tienen huesos huecos. Ambos
tienen muchos huecos en el cráneo. Los dos
tienen cuello curvo, **hueso de la suerte** y
plumas. Para los científicos, las aves son un
tipo de dinosaurio pequeño. Entonces, es
posible que los dinosaurios no estén extintos.
¡Vuelan sobre nosotros todos los días!

GLOSARIO

asteroide: gran masa rocosa que se mueve en el espacio

caliza: roca hecha de cal compacta. La cal viene de los esqueletos y conchas de las criaturas del mar.

extinguirse: cuando no queda ningún miembro vivo de un tipo de animal o planta

fósiles: restos, huellas o rastros de algo que vivió hace mucho tiempo

hueso de la suerte: clavícula. En las aves, el hueso de la suerte se llama fúrcula.

ÍNDICE